Inhalt

Datenschutz im Unternehmen - leicht gemacht?

Kernthesen

Beitrag

Fallbeispiele

Weiterführende Literatur

Impressum

Datenschutz im Unternehmen - leicht gemacht?

K. Werth

Kernthesen

- Unternehmen müssen qua Gesetz achtsam, zweckmäßig und sparsam mit personenbezogenen Daten umgehen, um die Grundrechte betroffener Menschen zu schützen.
- Der Erhebung personenbezogener Daten sind enge Grenzen gesetzt.
- Viele Kunden geben bereitwillig zu viele Daten preis, wenn sie dafür einen geringen Rabatt erwarten dürfen.
- Datenschutzbeauftragte haben es in Unternehmen immer noch schwer.

Beitrag

Kein Datenschutz ohne Datensicherheit. Datensicherheit umfasst Datenverfügbarkeit, Integrität und Vertraulichkeit und ist Voraussetzung dafür, dass eine Organisation, etwa ein Unternehmen, seinen Zweck erfüllen kann. Datenschutz betrifft stets personenbezogene Daten und zielt darauf ab, die Grundrechte von betroffenen Menschen, seien es Bürger, Kunden oder Patienten, zu wahren.

Alte und neue Ziele des Datenschutzes

Den Datenschutz kennzeichnen drei Schutzziele: Transparenz bei Datenerhebung und -verarbeitung, Nichtverkettbarkeit bzw. Zweckbindung der erhobenen Daten und Intervenierbarkeit auf Seiten jener betroffenen Personen, deren Daten erfasst und verarbeitet werden. Daneben wurden drei weitere Ziele formuliert: Beherrschbarkeit, Fairness und Systemvertrauen. Beherrschbarkeit bedeutet, dass Organisationen, die personenbezogene Daten sammeln und verwenden, ihre Erhebungs- und Verarbeitungsprozesse im Griff haben und gegebenenfalls eingreifen können. Fairness bedeutet eine rechtschaffene Haltung gegenüber Betroffenen. Systemvertrauen haben Betroffene dann, wenn sie wissen, dass bei Verstößen im Umgang mit sensiblen Personendaten (unternehmensinterne) Regulierungsmechanismen greifen werden und sie ihre Rechte erfolgreich einfordern können. Unternehmen, die an einem guten Ruf interessiert sind, sollten diese Ziele kennen und mit aller Kraft verfolgen. (1)

Der Datenschutz wird in Deutschland durch das Bundesdatenschutzgesetz (BDSG) geregelt. Am 01. September 2009 erfuhr es eine letzte Novelle. Personendaten spielen insbesondere im Kundenbeziehungsmanagement (Customer Relationship Management CRM) eine herausragende Rolle. Die neuesten Gesetzesänderungen müssten einen enormen Einfluss auf bestehende und angestrebte Kundenbeziehungen haben - wenn denn alle CRM-Manager die Gesetzeslage und ihre Konsequenzen kennen würden. (2)

Unternehmen dürfen nämlich längst nicht alle Daten erheben, die sie gern hätten. Alles, was unmittelbar der Vertragsabwicklung dient, darf selbstredend gespeichert werden. Dazu zählen insbesondere Namen und Adressen. Aber zum Beispiel kein Geburtsdatum! Weiterhin dürfen Personendatensätze mit öffentlich zugänglichen Daten angereichert werden. Bei Geschäftskunden dürfen keine persönlichen Daten über den Ansprechpartner gespeichert werden. Allgemein ist die Menge der gesammelten Daten auf das nötige Maß zu reduzieren. Es gilt der Grundsatz der Datenvermeidung und Datensparsamkeit. Dazu zählt, wann immer es möglich ist, Daten zu anonymisieren und zu pseudonymisieren. Bei der Auftragsdatenverarbeitung, das heißt auch wenn Unternehmen Aufträge beispielsweise an Call-Center erteilen, müssen die Auftraggeber ihre Auftragnehmer seit September 2009 strenger als zuvor kontrollieren und die Ergebnisse der Kontrollen dokumentieren. (2), (3), (4)

Der Datensparsamkeit gegenüber stehen gewisse gesetzliche Aufbewahrungspflichten von Daten in Unternehmen. Diese betreffen aber in aller Regel keine Personendaten, sondern Handelsdaten wie Handelsbücher, Inventare, Bilanzen, Handelsbriefe und Arbeitsanweisungen. Näheres ergibt sich aus dem Handelsgesetzbuch (HGB). Dabei bestehen Fristen für die Aufbewahrung. Laufen diese ab, überwiegen meist persönliche Schutzrechte der Betroffenen. Dokumente, die personenbezogene Daten enthalten, können und müssen dann gelöscht werden. (3)

Werbung und Verbraucher

Personalisierte Werbung bleibt erlaubt. Postsendungen an Bestandskunden und Personen, die beispielsweise Angebote angefordert haben, erfordern keine weitere Einwilligung der Betroffenen. Für die Kaltakquise von Endkunden per Post, Mail oder Telefon braucht es aber seit September 2009 ein sogenanntes Opt-In, also eine (nachweisbare) Einwilligung. Dieser Passus darf nicht mehr in den Allgemeinen Geschäftsbedingungen (AGB) versteckt werden. Ein Opt-out hingegen, also ein ausdrücklicher Widerspruch, ist nicht mehr ausreichend. Eine Einwilligung ist nicht erforderlich, wenn Adressen öffentlichen Verzeichnissen entnommen wurden. Die Rufnummerunterdrückung bei Akquise-Gesprächen ist allerdings tabu. (2), (4)

Listendaten, etwa Adresslisten, werden vom BDSG bevorzugt behandelt. Sie dürfen an Dritte weitergegeben werden und es muss dann auch nicht vorab von allen in der Liste aufgeführten Personen eine Einwilligung eingeholt werden. Jedoch sind sie deutlich auf ihr weiterhin bestehendes Widerspruchsrecht hinzuweisen. Zudem müssen die Betroffenen zwei Jahre lang die Möglichkeit haben, die Herkunft ihrer Daten zu erfahren. (4)

Datenschutz und Datensicherheit werden oft vernachlässigt

Die Umsetzung der Datenschutzziele im Unternehmen sollte mit einer gründlichen Analyse beginnen: Welche Daten werden erhoben, welchem Zweck dienen sie, wer arbeitet damit? Auf welche Daten kann verzichtet werden, weil sie für die Vertragsabwicklungen nicht erforderlich sind? Um Datenpannen oder Gesetzesverstöße zu verhindern empfiehlt es sich, nur geprüftes und sicheres Adressmaterial zu verwenden. Dazu gehören auch die bereits gespeicherten Daten. Außerdem muss klar sein, wie mit dem Widerspruchsrecht und Widersprüchen der Betroffenen umzugehen ist. (2), (6)

Technischerseits liegt die Basis für den Datenschutz in der Datensicherheit, und auch daran hapert es noch häufig. Das zeigte eine weltweite Umfrage. Mobile Endgeräte mit Zugang zu sensiblen Daten sind allzu oft nicht gesichert. Bei Windows-Laptops sind es noch 56 Prozent, bei iPads nur 34 und von den Smartphones werden nur 16 Prozent mit einem Passwort geschützt. Erschreckend: Fast zwei Drittel aller in einer Studie befragten Unternehmen weltweit haben schon mindestens einmal ein mobiles Endgerät verloren! (7)

Häufig sind es auch die eigenen Mitarbeiter, die Datensicherheitsregeln ignorieren oder, bei ausreichendem technischem Verstand, gleich aushebeln. Da werden sensible Daten über Web-

Accounts, Instant Messaging oder gar in Sozialen Netzwerken versandt; Mitarbeiter umgehen Sicherheitsregeln, um bestimmte Webseiten besuchen zu können oder sie deaktivieren Verschlüsselungsfunktionen. Das öffnete Scheunentore für Schadsoftware, mit deren Hilfe sensible Daten gestohlen werden können. (8)

Daher setzt die effektive Umsetzung von Datenschutzzielen ein starkes Bewusstsein aller Mitarbeiter voraus, die mit Personendaten arbeiten oder von deren Endgeräten Zugriff auf solche Daten besteht. Sie sind über die rechtlichen Grundlagen aufzuklären und auf das Datengeheimnis zu verpflichten. Alle Regelungen müssen auch Bestandteil des CRM-Systems sein. (2), (7), (9)

Organisatorisch hilfreich ist die Einsetzung eines Datenschutzbeauftragten. Doch auch wo es diese gibt, können sie ihre Aufgabe häufig nicht adäquat erfüllen, wie eine Studie zeigte. Selten üben sie ihre Funktion in Vollzeit aus (19 Prozent). Mehr als ein Fünftel hat überhaupt keine zeitlichen Ressourcen für den Datenschutz (21 Prozent). Selbst in Unternehmen mit über 5 000 Mitarbeitern arbeiten nur etwas mehr als die Hälfte Vollzeit für den Datenschutz (51,7 Prozent; 2004: 50 Prozent). Zudem werden sie meist nicht rechtzeitig oder überhaupt nicht in neue Verfahren eingeweiht, was eine Vorabkontrolle unmöglich macht. Nur 7,6 Prozent der Befragten fühlten sich vollständig und rechtzeitig informiert. Und nur jeder Siebte, also etwa 15 Prozent, hielt den Datenschutz für einen integralen Bestandteil der Firmenstrategie. Dies alles wirft ein düsteres Licht auf die Wirtschaftsunternehmen in Deutschland und lässt die nächsten Skandale bereits erahnen. (10)

Was tun, wenn es passiert ist?

Und wenn nun persönliche Daten tatsächlich abhanden gekommen sind?
Sollte dies Rechte oder schutzwürdige Interessen der Betroffenen gefährden, ist Information die erste Pflicht des Unternehmens. Vor allem die Aufsichtsbehörde muss unterrichtet werden; gegebenenfalls sind halbseitige Anzeigen in bundesweit erscheinenden Tageszeitungen zu schalten, um auch die Öffentlichkeit von der Panne in Kenntnis zu setzen. Außerdem sind unverzüglich Datensicherungsmaßnahmen zu ergreifen. Dabei hilft der Datenschutzbeauftragte. (6)

Trends

Bemerkenswert ist, wie bereitwillig viele Verbraucher ihre Daten hergeben, und zwar auch solche, die für Angebot oder Vertragsabwicklung völlig überflüssig sind - und das, obwohl sie vom Gesetzgeber gerne fordern, ihre Daten zu schützen. Eine Studie brachte ans Licht, dass schon die Aussicht auf eine geringe Ersparnis beim Kauf eines Gutes Konsumenten dazu verleitet, mehr als nötig über sich preiszugeben. Waren die Preise gleich, spielten unterschiedliche Informationswünsche der Anbieter für die meisten Verbraucher keine Rolle. (5)

Fallbeispiele

Die Aufgaben des Datenschutzbeauftragten (DSB) sind gesetzlich geregelt. So muss er etwa die Unternehmensleitung in Fragen des Datenschutzes beraten und z. B. bei der Einrichtung und dem Betrieb eines Datenverarbeitungssystems mitwirken. Er ist für die Wahrung der Rechte der betroffenen Individuen auf Auskunft, Berichtigung, Sperrung, Löschung und Schadenersatz verantwortlich. Der DSB muss sicherstellen, dass die im Betrieb getroffenen technisch-organisatorischen Maßnahmen allein ihrem Zweck dienen und verhältnismäßig sind. Gesetzliche Grundlage für die Pflichten eines DSB sind u. a. die Paragraphen 9 und 11 BDSG. (9)

Weiterführende Literatur

(1) Datenschutzziele neu definiert
aus DSB - Datenschutz-Berater 7-8/2010, S. 22

(2) Darum geht's im neuen Datenschutzgesetz
aus Computerwoche, 20.09.2010, Nr. 38

(3) Wer niemals Daten löscht, verstößt gegen die Regeln
aus Computerwoche, 05.07.2010, Nr. 27

(4) Kontakte rechtssicher anbahnen
aus acquisa, Vol. 55, Heft 08/2010, S. 68-69

(5) Datenschutz beim Online-Einkauf wenig beachtet
Den Schutz ihrer persönlichen Daten verlieren viele Internet-Nutzer beim Online-Einkauf aus den Augen. Obwohl sich Verbraucher eine bessere Absicherung ihrer Daten wünschen, verhalten sie sich laut einer Studie oft nicht dementsprechend.
aus COMPUTER-INFORMATIONS-DIENST vom 29.Juni 2010

(6) Tatort Kundendaten
aus IT-Business News Nr. 020 vom 27.09.2010 Seite 052

(7) Mobile Sicherheit: Firmen sind oft noch zu nachlässig
aus VDI NR. 26-27 VOM 02.07.2010 SEITE 20

(8) Mitarbeiter torpedieren die innere Datensicherheit ihres Unternehmens
aus VDI NR. 26-27 VOM 02.07.2010 SEITE 19

(9) Aufrechterhaltung des Datenschutzes Regelmäßig kontrollieren
aus SteuerConsultant, Vol. 3, Heft 10/2010, S. 58

(10) Große Lücke zwischen gesetzlichen Anforderungen und Wirklichkeit in Unternehmen
aus DSB - Datenschutz-Berater 9/2010, S. 8

Impressum

Datenschutz im Unternehmen - leicht gemacht?

Bibliografische Information der deutschen Nationalbibliothek

Die Deutsche Nationalbibliothek verzeichnet diese Publikation in der deutschen Nationalbibliografie; detaillierte bibliografische Daten sind im Internet über http://dnb.d-nb.de abrufbar.

ISBN: 978-3-7379-0370-7

© 2015 GBI-Genios Deutsche Wirtschaftsdatenbank GmbH, Freischützstraße 96, 81927 München, www.genios.de

Alle Rechte vorbehalten. Dieses Werk ist einschließlich aller seiner Teile – z.B. Texte, Tabellen und Grafiken - urheberrechtlich geschützt. Jede Verwertung außerhalb der Grenzen des Urheberrechtsgesetzes bedarf der vorherigen Zustimmung des Verlags. Dies gilt insbesondere auch für auszugsweise Nachdrucke, fotomechanische Vervielfältigungen (Fotokopie/Mikroskopie), Übersetzungen, Auswertungen durch Datenbanken oder ähnliche Einrichtungen und die Einspeicherung und Verarbeitung in elektronischen Systemen.